yukismart.com/b/68de45

baby

մանուկ

manowk

jongen

տղա

tła

vrienden

ընկերներ

ənkerner

meisje

աղջիկ

ałjik

glimlachen

ժպտալ

žptal

huilen

լացել

lac el

haar

մազեր

mazer

oog

աչք

ačk

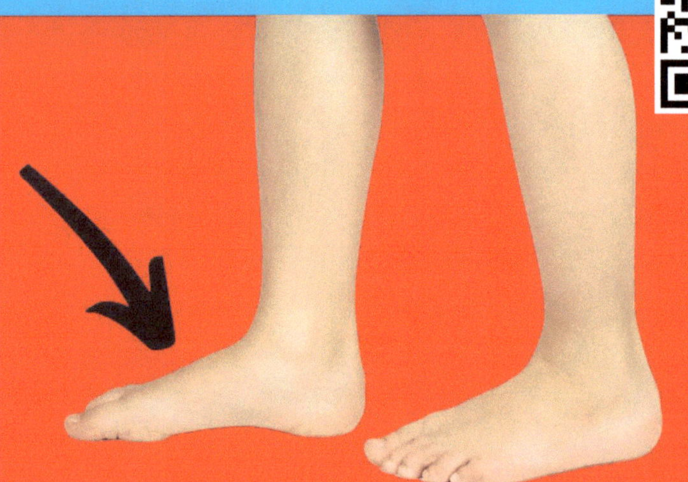

voet

ոտնաթաթ

otk

hand

ձեռք

jek

neus

 քիթ

k it

tanden

ատամներ

atamner

oor

ականջ

akanǰ

tong

լեզու

lezow

zon

արև

arEV

maan

լուսին

lowsin

ster

աստղ

astł

boom

ծառ

ca

vogel

թռչուն

t č own

jas

վերարկու
verarkow

broek

տաբատ
tabat

jurk

զգեստ

zgest

schoenen

կոշիկներ

košikner

rood

կարմիր

karmir

blauw

կապույտ

kapowyt

geel

դեղին

dełin

roze

վարդագույն

vardagowyn

wit

 սպիտակ

spitak

groen

կանաչ

kanač

zwart

սև

sEV

veelkleurig
բազմագույն
bazmagowyn

regenboog

ծիածան
ciacan

appel

խնձոր

xnjor

banaan

բանան

banan

tomaat

լոլիկ

lolik

sinaasappel

նարինջ

narinǰ

wortel

գազար

gazar

erwten

ոլոռ

olo

aardappel

կարտոֆիլ

kartofil

maïs

եգիպտացորեն

egiptac oren

citroen

լիմոն

limon

druiven

խաղող

xałoł

peer

տանձ

tanj

watermeloen

ձմերուկ

jmerowk

courgette

 դդմիկ

ddmik

ei

ձու

jow

paddenstoel

սունկ

sownk

vierkant

քառակուսի
k a akowsi

cirkel

շրջան
šrǰan

rechthoek

ուղղանկյուն
owłłankyown

driehoek

եռանկյուն
e ankyown

kat

կատու
katow

hond

շուն
šown

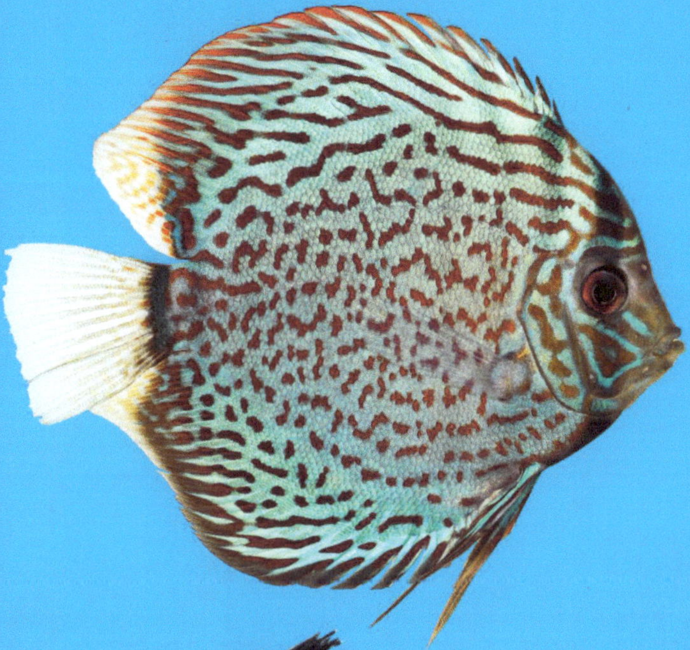
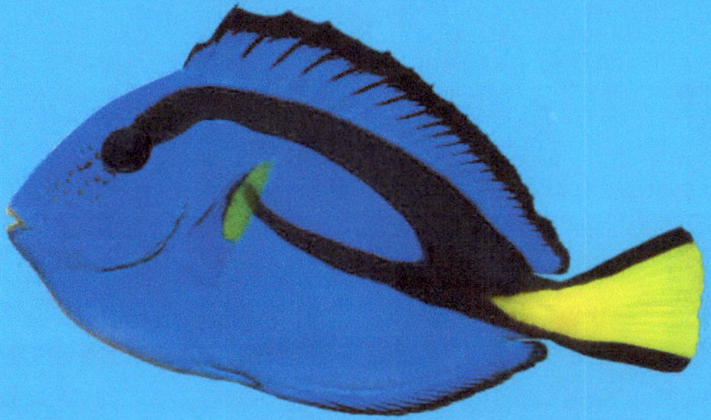
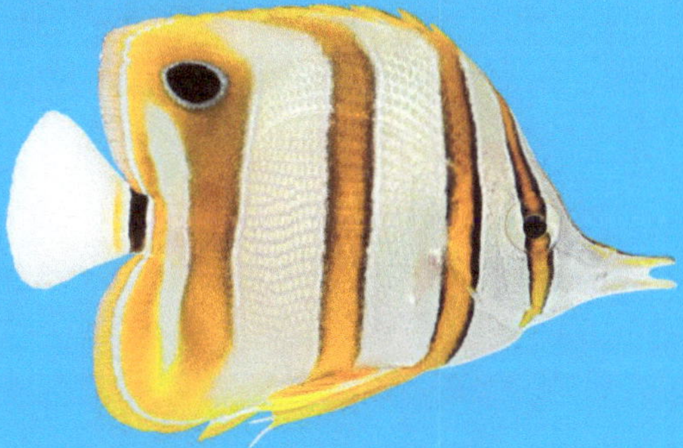
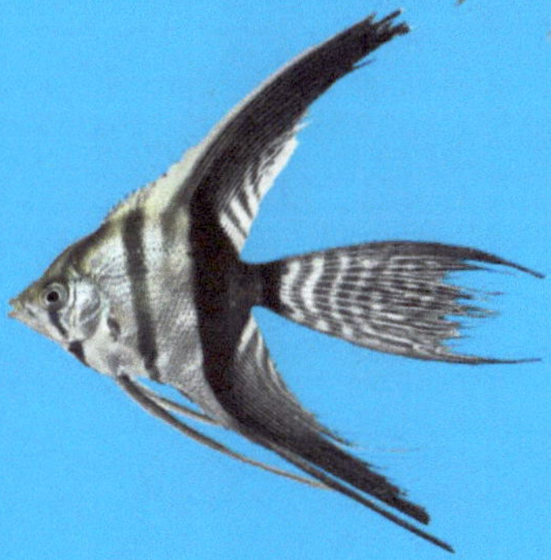

vis

ձուկ

jowk

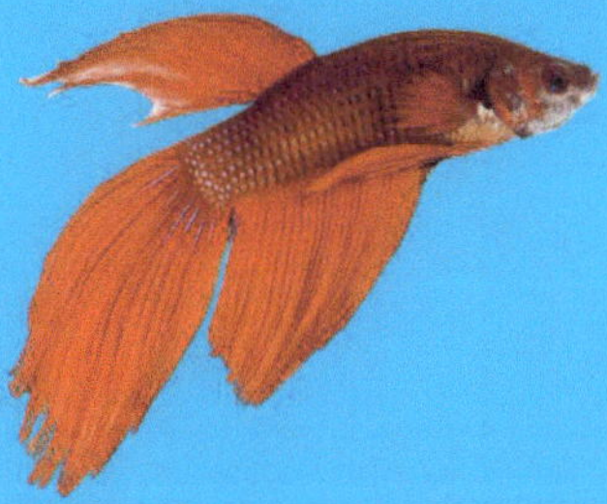
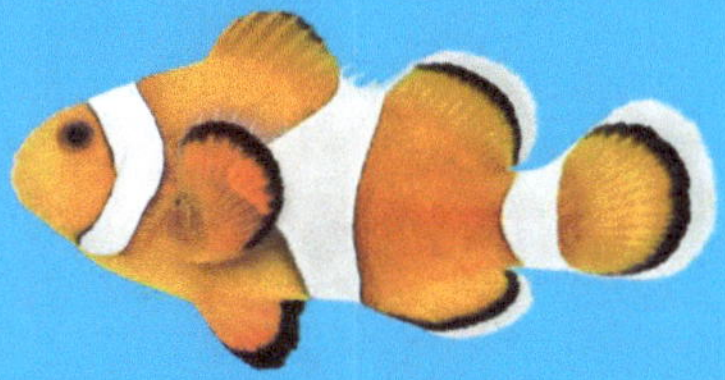

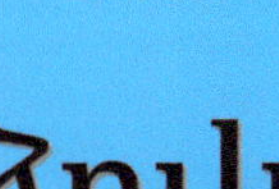

koe

կով

kov

eend

բադ

bad

kuiken

ճուտ

čowt

kip

հավ

hav

kikker

զորտ

gort

varken

խոզ

xoz

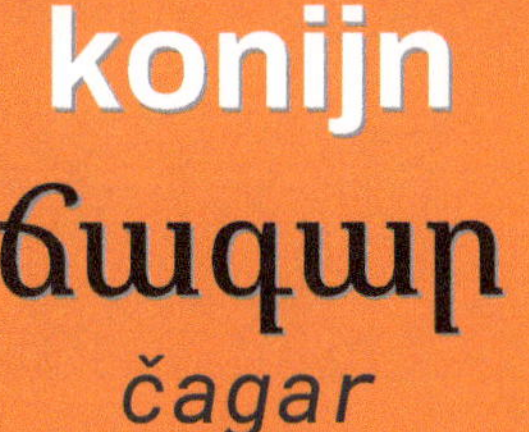

konijn

ճագար

čagar

muis

մուկ

mowk

paard

ձի
ji

schaap

ոչխար
oč xar

bloem

ծաղիկ

całik

vlinder

թիթեռ

t it e

lieveheersbeestje

զատիկ

zatik

slak

խխունջ

xxownǰ

taart

առրթ
t xvack

brood

 Հաց

hac

klok

ժամացույց

žamac owyc

sleutel

բանալի

banali

boek

գիրք
girk

bal

գնդակ
gndak

tafel

սեղան

sełan

bord

ափսե

ap se

stoel

աթոռ

at o

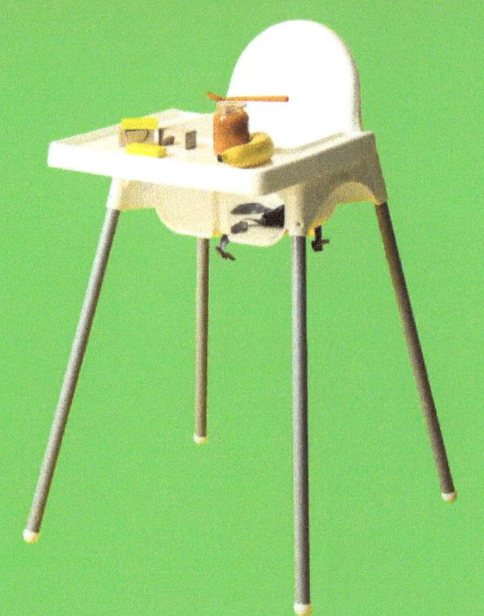

kinderstoeltje

կերակրասեղան

kerakrasełan

vork

պատառաքաղ

pata ak ał

mes

դանակ

danak

lepel

գդալ

gdal

beker

բաժակ

bažak

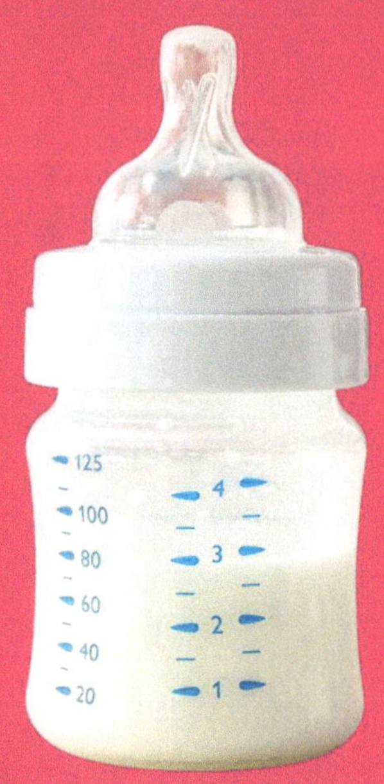

babyflesje

կերակրման շիշ
kerakrman šiš

glas

բաժակ
bažak

bed

մահճակալ

mahčakal

wieg

օրորոց

mankakan ōroroc

teddybeer

խաղալիք արջուկ

xałalik arǰowk

speen

ծծակ

ccak

handdoek

սրբիչ

srbič

wastafel

լվացարան

lvac aran

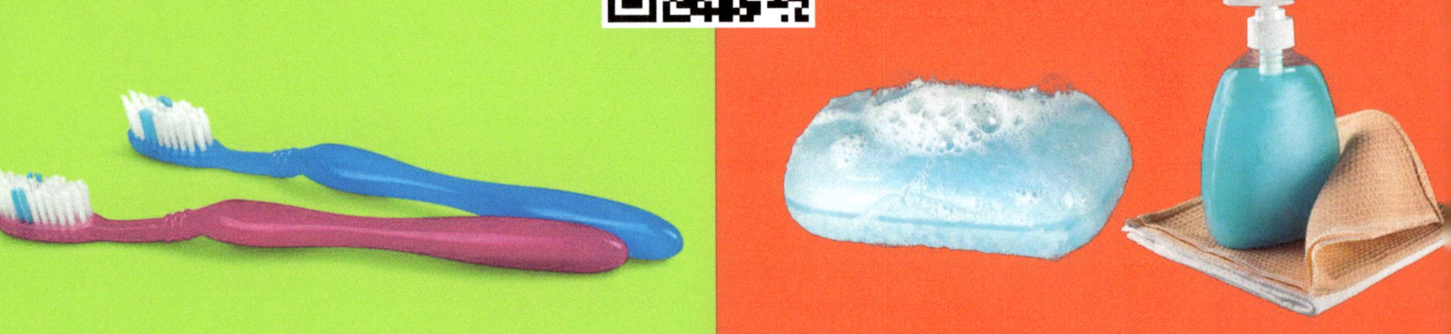

tandenborstel

ատամի խոզանակ

atami xozanak

zeep

օճառ

ōča

toilet

զուգարանակոնք

zowgaranakonk

potje

գիշերանոթ

gišeranot

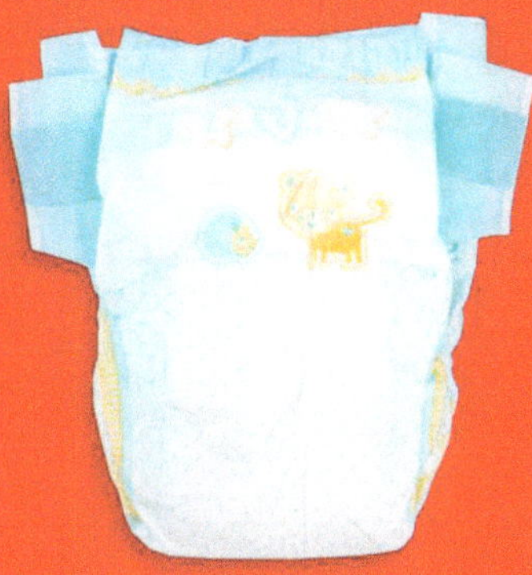

luier

տակդիր

takdir

auto

ավտոմեքենա

avtomek ena

fiets

Հեծանիվ

hecaniv

vliegtuig

ինքնաթիռ

ink nat i

boot

նավ

nav

brandweerwagen

Հրշեջ մեքենա

hršeǰ mek ena

trein

գնացք

gnac k

speelgoed

խաղալիքներ
xałalik ner